# BEI GRIN MACHT SICH IHR WISSEN BEZAHLT

- Wir veröffentlichen Ihre Hausarbeit,
  Bachelor- und Masterarbeit

- Ihr eigenes eBook und Buch -
  weltweit in allen wichtigen Shops

- Verdienen Sie an jedem Verkauf

Jetzt bei www.GRIN.com hochladen
und kostenlos publizieren

Maria Milkova

# Vater-Tochter-Verhältnis in Lessings Emilia Galotti

GRIN Verlag

**Bibliografische Information der Deutschen Nationalbibliothek:**

Die Deutsche Bibliothek verzeichnet diese Publikation in der Deutschen National-
bibliografie; detaillierte bibliografische Daten sind im Internet über http://dnb.d-
nb.de/ abrufbar.

**Impressum:**

Copyright © 2013 GRIN Verlag GmbH
Druck und Bindung: Books on Demand GmbH, Norderstedt Germany
ISBN: 978-3-656-51876-1

**Dieses Buch bei GRIN:**

http://www.grin.com/de/e-book/263190/vater-tochter-verhaeltnis-in-lessings-emilia-
galotti

**GRIN - Your knowledge has value**

Der GRIN Verlag publiziert seit 1998 wissenschaftliche Arbeiten von Studenten, Hochschullehrern und anderen Akademikern als eBook und gedrucktes Buch. Die Verlagswebsite www.grin.com ist die ideale Plattform zur Veröffentlichung von Hausarbeiten, Abschlussarbeiten, wissenschaftlichen Aufsätzen, Dissertationen und Fachbüchern.

**Besuchen Sie uns im Internet:**

http://www.grin.com/

http://www.facebook.com/grincom

http://www.twitter.com/grin_com

# Inhaltsverzeichnis

1

# 1 EINLEITUNG

„Die Tugend der Töchter ist die Macht der Väter".[1] In dem bürgerlichen Drama *Emilia Galotti*[2] spielt das Verhältnis zwischen aufgeklärten Vater und tugendhafter Tochter eine entscheindende Rolle.[3] Welche Folgen hat die Tugendhaftigkeit der Töchter? Warum versagt die aufklärerische Erziehung? *Emilia Galotti* thematisiert „de[n] Konflikt zwischen dem bürgerlichen Ideal, das in den privaten Kleinfamilien realisiert werden soll, und der höfischen Realität, die durch das Herrschaftssystem des Aufgeklärten Absolutismus im öffentlichen Bereich bestimmt ist".[4] Dabei greift Lessing in seinem Stück das bürgerliche Vater-Tochter-Verhältnis auf und unterstreicht somit die familiären Werte und den Status der Familienmitglieder. In Hinblick darauf wird in dieser Arbeit das Thema Vater-Tochter-Verhältnis näher erläutert. Zunächst wird das Thema Familie im Drama des 18. Jahrhunderts charakterisiert. Danach wird die Vater-Tochter-Konstellation in *Emilia Galotti* vorgestellt und die Problematik des Familienverhältnisses sowie ihre Auswirkungen erörtert.

# 2 FAMILIE IM DRAMA DES 18. JAHRHUNDERTS

Der Hauptakzent der bürgerlichen Dramen in der Aufklärung „liegt in der Darstellung und Konzentrierung auf die bürgerliche Kleinfamilien, die als private Sphäre gegen die öffentliche Sphäre des Hofes gesetzt ist".[5] Die sozialen Veränderungen in jener Zeit brachten die neue Lebenssituation, die auf der Arbeitsteilung beruhte, in die bürgerlichen Kleinfamilien. Das Familienoberhaupt arbeitete entfernt von dem Haus, die Frau verrichtete unbezahlt die häusliche Arbeit. So wurde die Frau finanziell abhängig von ihrem Gatten, wodurch der Mann zum Besitzer der Frau wurde.[6] Deshalb wurden auch in der

---

[1] Stephan, Inge: Aufklärung. In: Deutsche Literaturgeschichte. Von den Anfängen bis zur Gegenwart. Hrsg. von Wolfgang Beutin, Klaus Ehlert, Wolfgang Emmerich, Christine Kanz u.a. 7.Auflage. Stuttgart, Weimar: Verlag J.B. Metzler 2008. S.148-181, hier S. 166.
[2] Lessing, Gotthold Ephraim: Trauerspiele. Nathan. Dramatische Fragmente. In: Werke. Zweiter Band. Hrsg. von Herbert G. Göpfert. München: Carl Hanser Verlag Jahr. S. 127-204. Im folgenden zitiert *EG*, dahinter jeweils die Angabe des Aktes in römischen und die Angabe der Szene in lateinischen Zahlen sowie die Seitenzahl. Ich habe mich für diese Edition entschieden, weil die beachtliche Anzahl von Textverbesserungen gegenüber anderen Editionen zum ersten Mal zu einer authentischen Version des Textes in seiner ursprünglichen Gestalt führt.
[3] Vgl. Stephan, I.: Aufklärung. S. 165.
[4] Takahashi, Teruaki: Antagonismus zwischen bürgerlichem Ideal und höfischer Realität. Problematik des bürgerlichen Bewusstseins in Lessings „Emilia Galotti". In: „Sei mir, Dichter, willkommen!". Studien zur deutschen Literatur von Lessing bis Jünger. Hrsg. von Klaus Garber und Teruaki Takahashi. Köln, Weimar, Wien: Böhlau Verlag 1995 ( = Europäische Kulturstudien). S. 19.
[5] Stephan, I.: Aufklärung. S. 167.
[6] Vgl. Ebd., S. 167f.

Literatur Frauen und Männern neue Eigenschaften zugeschrieben: Frauen wurden zu tugendhaften, emotionalen und treuen Charakteren, Männer wurden dagegen stark, tapfer und patriarchalisch dargestellt. Die Väter wurden zum „Vorbild für den idealen Herrscher und zum Garanten einer Ordnung"[7], des Weiteren trafen sie die Entscheidungen, falls es um den Verstoß gegen die gesellschaftliche Regeln, familiären Gesetze oder um die Ehre ging. Die Töchter wurden „auf die Rolle des Opfers festgelegt".[8] Solch eine Figurenkonstellation des bürgerlichen Dramas führte zum tragischen Schluss[9] der Protagonistinnen, wie es auch in Lessings *Emilia Galotti* zu sehen ist.

## 3 VATER-TOCHTER-KONSTELLATION IN LESSINGS *EMILIA GALOTTI*

### 3.1 Emilia, „die Tochter des Obersten Galotti"[10]

Emilia Galotti, Hauptfigur des gleichnamigen Dramas, tritt besorgt und ängstlich auf. Sie berichtet ihrer Mutter Claudia von ihrem plötzlichen Treffen mit dem Prinzen.[11] Sie ist außerhalb ihres Vaterhauses gefährdet und fürchtet bereits sündige Gedanken[12], da ihre natürliche Schönheit, Unschuld und Tugend für den Prinzen anziehend und nicht unbemerkt geblieben sind. Die tugendhafte Tochter wird zu einem „Genußobjekt"[13] des heißblütigen Prinzen[14], dem sie nicht widersprechen kann. Schließlich bleibt sie nur passiv[15] und denkt an Selbstzerstörung: „Was konnt' ich sonst? – Meinen guten Engel bitten, mich mit Taubheit zu schlagen".[16] Dagegen ist ihr Verlobter Graf Appiani „ein sehr würdiger junger Mann, ein schöner Mann, ein reicher Mann, ein Mann voller Ehre".[17] Die Heirat mit ihm ermöglicht den Transfer von der väterlichen Familie in eine neu zu gründende Familie[18], da Appiani und Emilias Vater Odorado das gleiche bürgerliche Ideal vertreten, sich sehr ähneln und sich gegenseitig mögen: „Eben hab' ich mich aus seinen Armen gerissen: – oder vielmehr er, sich aus meinen. – Welch ein Mann, [...], Ihr Vater! Das

---

7 Frömmer, Judith: Vaterfiktionen. Empfindsamkeit und Patriarchat in der Literatur der Aufklärung. München: Wilhelm Fink Verlag 2008. S. 23.
8 Stephan, I.: Aufklärung. S. 169.
9 Vgl. Takahashi, T.: Antagonismus zwischen bürgerlichem Ideal und höfischer Realität. S. 26.
10 *EG*, I/6, S. 138.
11 Vgl. Ebd., II/6, S. 150.
12 Vgl. Hempel, Brita: Sara, Emilia, Luise: drei tugendhafte Töchter. Das empfindsame Patriarchat im bürgerlichen Trauerspiel bei Lessing und Schiller. Heidelberg: Unversitätsverlag Winter 2006. S. 78.
13 Heise, Wolfgang: Krise eines Weltanschauungssystems „Emilia Galotti". In: Impulse, Nr. 10 (1987). S. 5-26, hier S. 5.
14 Vgl. Hempel, B.: Sara, Emilia, Luise: drei tugendhafte Töchter. S. 72.
15 Vgl. Guthke, Karl S.: Das deutsche bürgerliche Trauerspiel. In: Sammlung Metzler. Realien zur Literatur. Band 116. 5. Auflage. Stuttgart, Weimar: Verlag J.B. Metzler 1994. S. 82.
16 *EG*, II/6, S. 151.
17 Ebd., I/6, S. 138.
18 Vgl. Hempel, B.: Sara, Emilia, Luise: drei tugendhafte Töchter. S. 76.

Muster aller männlichen Tugend!".[19] Der Prinz versucht vergeblich, die Hochzeit zu verhindern und Emilia für sich zu gewinnen.[20] So erklärt sich sein Kammerherr Marinelli bereit zu helfen und entwirft einen Plan: „Emilia sollen die sie bislang vor dem ‚Laster' schützenden Barrieren entzogen werden".[21] Graf Appiani wird ermordet, Emilia wird dem väterlichen Einflussbereich entrissen.[22] Durch Erwartungen ihres Vaters und die Furcht vor der Strafe ist Emilia so stark auf ihre Unschuld und Tugend konzentriert, so dass diese für sie im Laufe des Geschehens wichtiger als ihr Leben werden: „Sie sieht ihre Unschuld in Gefahr, als sie vom Prinzen und zunächst auch von ihrem Vater aufgefordert wird, sich [...] in das Haus Grimaldis zu begeben".[23] Sie ist sich bewusst, dass sie zur neuen Mätresse des Prinzen wird, so provoziert sie ihren Vater sie zu töten: „Ihr Tod ist das Nein zur feudalen Korruption, mehr noch, das Bewahren ihrer moralischen Subjektivität vor der vorgeschriebenen Objektrolle".[24] Sie opfert sich um ihre Tugend und ihre Unschuld zu bewahren und vertritt somit die gesellschaflichen Erwartungen der aufklärerischen Zeit.

### 3.2 Odorado Galotti, der aufgeklärte Patriarch[25]

„Weinen konnt' ich nie; – und will es nun nicht lernen".[26] Odorado Galotti ist von Anfang an eine dominierende Figur, solange er in Sabionetta regiert.[27] Von da aus kann er seine Aufgaben und Verpflichtungen steuern. Seine Aufgabe ist die Bewahrung von Emilias Unschuld, wobei die Furcht vor der „Nähe des Hofes"[28] und dessen Intrigen im Laufe des Geschehens dies unmöglich macht. Somit unterstützt er die geplante Heirat seiner Tochter mit dem Grafen Appiani. Odorado ist begeistert von seinem künftigen „Sohn"[29]: „Alles entzückt mich an ihm. Und vor allem der Entschluß, in seinen väterlichen Tälern sich selbst zu leben".[30] Sein Ideal der Kleinfamilie soll jetzt Appiani durch die Vermählung mit Emilia realisieren, da nur der Graf Appiani das weitere, vom Hof entfernte Leben für Emilia garantieren kann. Diese Einstellung des alten Galotti enspricht genau dem patriarchalisch-aufklärerischen Motiv der Zeit, das Lessing vertritt und darstellt: Die

---

[19] *EG*, II/7, S. 154.
[20] Vgl. Hempel, B.: Sara, Emilia, Luise: drei tugendhafte Töchter. S. 77.
[21] Ebd., S. 77.
[22] Vgl. Ebd., S. 77.
[23] Bähr, Andreas: Die tödliche Verletzung weiblicher Ehre. Emilia Galotti im Kontext der aufklärerischen Problematisierung von Selbsttötung. In: „Sterben von eigener Hand". Selbsttötung als kulterelle Praxis. Hrsg. von Andreas Bähr und Hans Medick. Köln, Weimar, Wien: Böhlau Verlag 2005. S. 65-88, hier S. 73.
[24] Heise, W.: Krise eines Weltanschauungssystems „Emilia Galotti". S. 5.
[25] Vgl. Frömmer, J.: Vaterfiktionen. S. 19.
[26] *EG*, V12. S. 193.
[27] Vgl. Frömmer, J.: Vaterfiktionen. S. 19.
[28] Frömmer, J.: Vaterfiktionen. S. 166.
[29] Vgl. Takahashi, T.: Antagonismus zwischen bürgerlichem Ideal und höfischer Realität. S. 21.
[30] *EG*, II/4, S. 147.

Absage an das eitle Hofleben der Stadt.[31] Am Tag der Hochzeit fährt er nach Hause zu seiner Frau Claudia und seiner Tochter Emilia, um seine Autorität zu präsentieren und um zu prüfen, ob alles in Ordnung ist, da „der Grund der Überraschungsbesuch keineswegs familiäre Liebessehensucht [war], sondern die Angst davor, die Frauen ganz ihrer eigenen Inkompetenz auszuliefern".[32] Als er seine Tochter nicht beim Putzen findet und erfährt, dass sie mit dem Prinzen gesprochen hat[33], fängt er an, ihr zu misstrauen: „Alles scheint ihr verdächtigt, alles strafbar!".[34] Odorado distanziert sich von den Familienaufgaben, wie dem Schutz und der Sorge. Alles, was mit Emilia geschieht, erfährt er von anderen Personen. So erfährt er von Orsina, der Mätresse des Prinzen, vom Tod des Grafen Appiani und den hinterhältigen Plänen des Prinzen. Diese Situation sorgt dafür, dass der starke, aufgeklärte Patriarch auf einmal unentschlossen wirkt, im Gegensatz zu seiner Tochter Emilia. Odorado wird zum Werkzeug von Emilias Entschlossenheit.[35] Die äußere und innere Distanz[36] führen somit zur schicksalhaften Begegnung[37] und zum tragischen Ende.


## 4   PROBLEMATIK DES VATER-TOCHTER-VERHÄLTNISSES IN *EMILIA GALOTTI*

Das umfassende Themengebiet von der Vaterliebe bis zum Vatermord sowie die Form und das Ausmaß der patriarchalischen Gewalt werden in der Zeit der Aufklärung viel und breit diskutiert.[38] Diese Thematik wird im fünften Auszug Lessings *Emilia Galotti* deutlich. Hier treffen Emilia und Odorado zum ersten Mal aufeinander.[39] Die Protagonistin tritt im Gegensatz zu ihrem Vater, der nervös wirkt, ruhig auf.[40] Sie ist davon überzeugt, dass alles verloren ist, doch hofft sie noch auf väterliche Unterstützung: „Denn wenn der Graf tot ist [...] was verweilen wir noch hier? Lassen Sie uns fliehen, mein Vater!".[41] Dabei hat Odorado als Beschützer und Retter[42] bereits versagt und will die eigene Tochter bei dem Prinzen lassen. Als Emilia von ihrem Vater aufgefordert wird, sich in das Haus Grimaldis zu

---

[31] Vgl. Gidion, Heidi: Töchter und ihre Väter. Literarische Entdeckungsreisen. Frankfurt am Main: Fischer Taschenbuch Verlag 1999. S. 129.
[32] Hempel, B.: Sara, Emilia, Luise: drei tugendhafte Töchter. S. 73.
[33] *EG*, II/4, S. 148.
[34] Ebd., II/5, S. 149.
[35] Hempel, B.: Sara, Emilia, Luise: drei tugendhafte Töchter. S. 81.
[36] Ebd., S. 74.
[37] Vgl. Ebd., S. 79.
[38] Vgl. Frömmer, J.: Vaterfiktionen. S. 18.
[39] Vgl. Hempel, B.: Sara, Emilia, Luise: drei tugendhafte Töchter. S. 79.
[40] Vgl. *EG*, V/7, S. 201.
[41] Ebd., V/7, S. 201.
[42] Ebd., IV/8, S. 190.

begeben, ist ihre Unschuld gefährdet.[43] Emilia ist sich bewusst, dass der Prinz die Verantwortung für den Tod ihres Bräutigams trägt, sie ist in Kenntnis der Absichten des Prinzen und der moralischen Verhältnisse in dessen Haus. Außerdem weiß sie von ihrer Verfügbarkeit, so weigert sie sich die väterliche Aufforderung anzunehmen:[44]

> Ihre Hilflosigkeit gegenüber der Verführung entspricht der Hilflosigkeit gegenüber der eigenen Sinnlichkeit, die Teil ihres Selbst ist und die sie zugleich – als Ergebnis einer Sinnlichkeit verdrängenden Erziehung, ihrer Unterdrückung, Regulierung und bürgerlich-christlichen Bewertung – als fremde Naturgewalt erfährt.[45]

Sie muss handeln, da sie sich ohne den väterlichen Schutz nicht durchsetzten kann. Sie ist entschlossen, sich das Leben zu nehmen und fordert mehrmals den Dolch ihres Vaters: „Mir, mein Vater, mir geben Sie diesen Dolch".[46] Ihr Vater gibt ihr den Dolch, aber nicht um mitanzusehen, wie sich Emilia ersticht, sondern um ihr später den Schritt abzunehmen[47] und versucht sie davon abzuhalten: „Auch du hast nur ein Leben zu verlieren".[48] Odorado weiß, wenn Emilia ihre Unschuld, Tugend und Ehre bewahren will, gibt es nur einen Ausweg, sie muss sterben. Doch darf sie den Suizid nicht begehen, denn derartiges Verhalten von aufklärerischer Gesellschaft nicht in Betracht gezogen wird. Ihr Vater soll diesen letzten Schritt für sie übernehmen, als ein letzter Liebesdienst[49]. So bewahrt er Emilia nicht nur vor der Schande der Verführung, sondern auch vor der Schande des „Selbstmords".[50] Doch dabei zögert er. Emilia überzeugt ihn, indem sie ihn an die römische Virginia erinnert: „Ehedem wohl gab es einen Vater, der seine Tochter von der Schande zu retten, ihr den ersten den besten Stahl in das Herz senkte – ihr zum zweiten das Leben gab. Aber alle solche Taten sind von ehedem! Solche Väter gibt es keinen mehr!".[51] Auf diesen Hilferuf ersticht er seine Tochter, dabei küsst sie noch seine väterliche Hand als Zeichen der Dankbarkeit für ihre Rettung: „Eine Rose gebrochen, ehe der Sturm sie entblättert. – Lassen Sie mich sie küssen, diese väterliche Hand".[52] Dieser Appell symbolisiert den Wunsch, die Unschuld und die Reinheit, die mit der Rose assoziiert werden, zu bewahren. Denn falls Emilia weiterhin von dem Prinzen verführt wird, kann sie ihm nicht lange widerstehen. So wird sie ihre Unschuld verlieren und der

---

[43] Vgl. Bähr, Andreas: Die tödliche Verletzung weiblicher Ehre. S. 73.
[44] Vgl. Ebd., S. 73-74.
[45] Heise, W.: Krise eines Weltanschauungssystems „Emilia Galotti". S. 5.
[46] *EG*, V/7, S. 202.
[47] Vgl. Takahashi, T.: Antagonismus zwischen bürgerlichem Ideal und höfischer Realität. S. 74.
[48] *EG*, V/7, S. 202.
[49] Vgl. Bähr, Andreas: Die tödliche Verletzung weiblicher Ehre. S. 76.
[50] Vgl. Ebd., S. 76.
[51] *EG*, V/7, S. 203.
[52] Ebd., S. 203.

Sturm wird die Rose entblättern. Ihr Vater bricht aber die Rose bevor sie ihre Unschuld und Reinheit verliert und zur neue Mätresse des Prinzen wird. Folglich rettet er seine Tochter durch die äußere Gewalt, indem er sie ersticht.

## 5 SCHLUSS

Abschließend ist festzuhalten, dass Emilias Schicksal nicht nur von dem thematisierten Ständekonflikt, sondern auch „von ihrer Beziehung zum Vater abhängt".[53] Die tugendhafte, gehorsame, wohlerzogene und zurückhaltende Emilia macht alles was ihre Familie und die Gesellschaft von ihr erwarten. Sie versucht nicht gegen die gesellschaftliche Ordnung zu verstoßen, mehr noch, sie fürchtet sündige Gedanken. Ihre Tugendhaftigkeit ist der Schlüssel zu dem ‚vorbestimmten' tragischen Ende. Sie duldet nicht, was man nicht darf und fürchtet nicht den Tod. Die Verführung ist in ihren Augen die einzige wahre Gewalt.[54] Emilias Vater, ihre einzige Hoffnung auf die Rettung, kann ihr nicht helfen. Deshalb sieht sie keinen anderen Ausweg und opfert sich um ihre Unschuld zu bewahren. Odorado Galotti, ist als aufgeklärter Patriarch, Beschützer und Retter dargestellt. Er ist einer, der seine familiären Vorstellungen vertritt. Allerdings wird er mit zunehmender Belastung schwächer, hilfloser bricht unmotiviert in Lachen aus und wird an dem Rand des Wahnsinns getrieben.[55] Als Vater hat er bereits durch die Distanzierung von seiner Familie, vor allem von seiner Tochter, versagt. Die väterliche Liebe hat er Emilia nie gezeigt, seine Hilfe konnte er ihr nicht anbieten, da er einerseits nicht weiß, wie er ihr helfen kann[56], andererseits die Konsequenzen fürchtet und davonlaufen will.[57] Erst als es deutlich wird, dass es von der entstandenen Situation keinen Ausweg mehr gibt, erkennt er seine Aufgabe und zeigt seine väterliche Seite, indem er seine Tochter ‚rettet', was seine Hilfslosigkeit und Verwirrung verdeutlicht: „Der Vater rettet die Tugend der Tochter, indem er sie umbringt […]. Gegen den Prinzen hatte Emilia mit diesem Vater nie eine Chance".[58]

---

[53] Düsing, Wolfgang: „Ich bin die Tochter meines Vaters". Väter und Töchter im bürgerlichen Trauerspiel von Lessing bis Hebbel. In: „Das Weib im Manne zieht ihn zum Weibe; der Mann im Weibe trotzt dem Mann". Geschlechterkampf oder Geschlechterdialog: Friedrich Hebbel aus der Perspektive der Genderforschung. Hrsg von Ester Saletta und Christa Agnes Tuczay. Berlin: Weidler Buchverlag 2008 ( = Hebbel. Mensch und Dichter im Werk). S. 27-41, hier S. 73.
[54] Vgl. Ebd., S. 30.
[55] Vgl. Ebd., S. 29.
[56] Vgl. *EG*, V/6, S.200.
[57] Vgl. Düsing, W.: „Ich bin die Tochter meines Vaters". S. 29.
[58] Ebd., S. 29.

# 6 Literaturverzeichnis

## Primärliteratur

Lessing, Gotthold Ephraim: Trauerspiele. Nathan. Dramatische Fragmente. In: Werke. Zweiter Band. Hrsg. von Herbert G. Göpfert. München: Carl Hanser Verlag 1971.

## Sekundärliteratur

Bähr, Andreas: Die tödliche Verletzung weiblicher Ehre. Emilia Galotti im Kontext der aufklärerischen Problematisierung von Selbsttötung. In: „Sterben von eigener Hand". Selbsttötung als kulterelle Praxis. Hrsg. von Andreas Bähr und Hans Medick. Köln, Weimar, Wien: Böhlau Verlag 2005. S. 65-88.

Düsing, Wolfgang: „Ich bin die Tochter meines Vaters". Väter und Töchter im bürgerlichen Trauerspiel von Lessing bis Hebbel. In: „Das Weib im Manne zieht ihn zum Weibe; der Mann im Weibe trotzt dem Mann". Geschlechterkampf oder Geschlechterdialog: Friedrich Hebbel aus der Perspektive der Genderforschung. Hrsg von Ester Saletta und Christa Agnes Tuczay. Berlin: Weidler Buchverlag 2008 ( = Hebbel. Mensch und Dichter im Werk). S. 27-41.

Frömmer, Judith: Vaterfiktionen. Empfindsamkeit und Patriarchat in der Literatur der Aufklärung. München: Wilhelm Fink Verlag 2008.

Gidion, Heidi: Töchter und ihre Väter. Literarische Entdeckungsreisen. Frankfurt am Main: Fischer Taschenbuch Verlag 1999.

Guthke, Karl S.: Das deutsche bürgerliche Trauerspiel. In: Sammlung Metzler. Realien zur Literatur. Band 116. 5. Auflage. Stuttgart, Weimar: Verlag J.B. Metzler 1994.

Heise, Wolfgang: Krise eines Weltanschauungssystems „Emilia Galotti". In: Impulse, Nr. 10 (1987). S. 5-26.

Hempel, Brita: Sara, Emilia, Luise: drei tugendhafte Töchter. Das empfindsame Patriarchat im bürgerlichen Trauerspiel bei Lessing und Schiller. Heidelberg: Unversitätsverlag Winter 2006.

Stephan, Inge: Aufklärung. In: Deutsche Literaturgeschichte. Von den Anfängen bis zur Gegenwart. Hrsg. von Wolfgang Beutin, Klaus Ehlert, Wolfgang Emmerich, Christine Kanz u.a. 7.Auflage. Stuttgart, Weimar: Verlag J.B. Metzler 2008. S.148-181.

Takahashi, Teruaki: Antagonismus zwischen bürgerlichem Ideal und höfischer Realität. Problematik des bürgerlichen Bewusstseins in Lessings „Emilia Galotti". In: „Sei mir, Dichter, willkommen!". Studien zur deutschen Literatur von Lessing bis Jünger. Hrsg. von Klaus Garber und Teruaki Takahashi. Köln, Weimar, Wien: Böhlau Verlag 1995 ( = Europäische Kulturstudien). S. 17-28.